KB200388

"내 속에 근심이 많을 때에
주의 위안이 내 영혼을 즐겁게 하시나이다"

시편 94편 19절

사랑하는 _____ 님께

쾌유를 기도하며 드립니다.

존 파이퍼의

병상의 은혜

Lessons from a Hospital Bed

Copyright © 2016 by Desiring God Foundation
Published by Crossway
a publishing ministry of Good News Publishers
Wheaton, Illinois 60187, U.S.A.

This Korean Edition Copyright © 2016 by Duranno Ministry
38, Seobinggo-ro 65-gil, Yongsan-gu, Seoul, Republic of Korea

This edition published by arrangement with Crossway through rMaeng2, Seoul,
Republic of Korea.
All rights reserved.

존 파이퍼의 병상의 은혜

지은이 | 존 파이퍼
옮긴이 | 윤종석
초판 발행 | 2016. 8. 8
10쇄 발행 | 2024. 8. 1
등록번호 | 제1988-000080호
등록된 곳 | 서울특별시 용산구 서빙고로65길 38
발행처 | 사단법인 두란노서원
영업부 | 2078-3333 FAX | 080-749-3705
출판부 | 2078-3332

책값은 뒤표지에 있습니다.
ISBN 978-89-531-2595-7 03230

독자의 의견을 기다립니다.
tpress@duranno.com   www.duranno.com

두란노서원은 바울 사도가 3차 전도 여행 때 에베소에서 성령 받은 제자들을 따로 세워 하나님의 말씀으로 양육
하던 장소입니다. 사도행전 19장 8-20절의 정신에 따라 첫째 목회자를 돕는 사역과 평신도를 훈련시키는 사역,
둘째 세계선교™와 문서선교문행본·잡지 사역, 셋째 예수문화 및 경배와 찬양 사역, 그리고 가정·상담 사역 등을 감
당하고 있습니다. 1980년 12월 22일에 창립된 두란노서원은 주님 오실 때까지 이 사역들을 계속할 것입니다.

환우를 위한 생명의 지침들

존 파이퍼의

병상의 은혜

존 파이퍼 지음 | 윤종석 옮김

두란노

차례

병원은 제 영혼의 단련장이요,
하나님의 선교지였습니다

 병원 생활에 대해서라면 저도 조금 압니다. 그럴 필
요가 없었더라면 정말 좋았겠지만, 병원 복도 냄새와 냉
기가 도는 수술실이 제겐 너무도 익숙합니다. 병원과의
인연은 1967년, 얕은 물에 무턱대고 다이빙을 하다가 목
이 부러지는 큰 사고를 당해 사지가 마비되면서 시작됐
어요. 그 무더운 7월 어느 오후 급히 병원으로 옮겨질 때

만 해도 제가 1969년 4월이 돼서야 겨우 퇴원하게 될 줄은 꿈에도 몰랐지요.

하루는 아침부터 비뇨기과 진료실 바깥 복도에서 이송용 침대 위에 누워 대기하고 있었습니다. 병원 천장의 타일을 세며 기다린 지 2시간 만에 검사실 직원 하나가 문밖으로 나오더니 그제야 "점심시간 끝나고 나서 첫 번째 순서"가 저라고 알려 주더군요. 신음 소리가 절로 새어 나왔습니다. 너무 오래 똑바로 누워 있어서 몸 여기저기가 결리는 상태였거든요.

구내식당으로 이동하는 비뇨기과 검사실 직원들을 보며 가슴이 쿵 내려앉았습니다. 좀 더 정확히 말해서 물밀듯이 밀려오는 두려움과 폐소공포증에 숨이 멎을 것만 같았어요.

울음이 터져 나왔습니다. 주변에는 눈물을 닦아 줄 사람조차 없었어요. 저는 들릴 듯 말 듯한 소리로 찬송가를 부르며 제 영혼을 달랬습니다. 교회 성가대에서 즐겨 부르던 노래였지요.

　　잠잠하라 내 영혼아, 주 곁에 계시니
　　슬픔과 고통의 십자가, 인내로 견디라
　　주 친히 다스리시며 다 채워 주시니
　　온 세상 다 변해도 늘 한결같으신 주
　　잠잠하라 내 영혼아, 네 친구 되신 주
　　고생길 지나 이끄시리 기쁨의 자리로.

　비록 그때 제 나이는 기껏해야 열일곱이나 열여덟 밖에 되지 않았으나, 앞으로의 투병 생활에 어떻게 임해야 할지가 그 순간에 결정됐습니다. 입원 기간을 감옥살이로 만들 수는 없었어요. 어떤 어려움이 닥쳐와도 저는 이 병원을 제 영혼의 단련장이요, 제 신앙의 시험장, 하나님의 선교지로 삼기로 다짐했습니다.

　이게 십 대 아이에게서 나올 마음가짐인가 하시겠지만, 돌아보면 정말 그랬습니다. 당시 저는 성경의 희망을 반드시 붙들어야 한다는 걸 알 만큼은 그리스도를 따르고 있었습니다. 그러지 않았다면 미쳐 버렸을 거예요.

　물론 당시 여전히 저는 우울함과 싸우고 있었어요. 팔다리를 쓰지 않고 어떻게 인생을 살아가야 할지 막막하기만 했습니다. 1969년에 퇴원한 후에도 그랬어요. 그러나 절망에 빠져들 생각은 추호도 없었습니다. 그날의 그 작지만 단호한 결심 덕분에 모든 것이 달라졌습니다. 그때뿐만 아니라 훗날 3기 유방암과 만성 통증에 맞서 싸울 때도 그랬습니다.

　그래서 저는 여러분의 손에 들려 있는 이 작고 얇은 책이 참 좋습니다. 분량이 짧아서 내용의 무게가 잘 느껴지지 않을지 모르지만, 이대로 부족함 없이 중요한 내용을 함축하고 있어요. 병상 일기라 해서, 저자가 굳이 병원 밥을 오래 먹은 노련한 베테랑일 필요는 없습니다. 훌륭한 산부인과 의사가 꼭 아기를 낳아 볼 필요는 없는 것과 같아요.

성령님이 감화해 주신 능력만으로도 존 파이퍼 목사님은 충분히 자격이 있고, 그 능력으로 목사님은 무엇이 현명한 길인지 여러분에게 알려 줄 것입니다. 병상에서 시달리는 내내 어떻게 지내는 게 바람직한지도요.

그러니 책장을 너무 급히 넘기지 마세요. 부디 기도하는 마음으로 읽고 의지를 발휘해 그 조언을 실천에 옮기기를 바랍니다. 성경 다음으로 이 작은 책자가 여러분의 입원 기간이 여러분 영혼에 진정으로 유익이 되도록 탁월한 길잡이가 될 것입니다.

환우 여러분, 존 파이퍼 목사님이 말하는 것처럼, 부디 '여러분의 고난을 낭비하지 마세요.' 이 책의 도움으로 여러분도 병원에 머무는 동안 그런 낭비를 피할 수 있으리라 믿습니다. 분명, 병원은 감옥이 아니라 영혼을 단련하고 건강하게 하는 단련장입니다.

이제부터 책장을 넘겨 읽으십시오. 투병 중인 여러분에게 하나님의 치유와 은혜의 손길이 함께하기를 기도합니다.

조니 에릭슨 타다

조니와친구들국제장애인센터 설립자
구필화가, 강사

우리 생명은
하나님의 능하신 손안에 있습니다

　　두 단계를 거쳐 이 짤막한 책을 썼습니다. 책의 핵심 내용은, 어느 날 원인 불명의 폐 혈전으로 병원에서 30시간을 보낸 직후에 그 경험에서 갓 길어 올린 깨달음입니다. 그리고 나머지 부분은 질병과 고난을 통해 하나님이 제게 가르쳐 주신 내용을 더 깊이 묵상하면서 1년쯤 후에 덧붙였습니다.

제가 고난의 베테랑이라서 이런 책을 쓴 건 아닙니다. 그러기에는 제 인생이 너무도 순탄했습니다. 필시 이 글을 읽고 있는 분 중에는 저보다 더 힘든 일을 겪으셨거나 겪고 있는 분이 많을 겁니다. 저는 살면서 병원에서 하룻밤을 넘겨 본 적이 (태어나던 날을 빼고) 세 번뿐입니다. 두 번은 전립선암 때문이었고, 한 번은 앞서 얘기한 혈전 때문이었어요. 저보다 더 심각한 문제를 겪은 분들이 많을 텐데, 그에 비하면 제 경험은 정말 별것 아니지요.

전에는 안부 인사 차 "요즘 건강은 어떠세요?"라고 누가 물으면 으레 "좋습니다"라고 답했는데, 이젠 "좋은 것 같습니다"라고 대답합니다. 둘은 분명 서로 달라요. 전립선 정기검진을 받으러 가기 전날만 해도 제가 느끼기에 제 몸 상태는 좋은 것 같았거든요. 그런데 다음 날 암 진단을 받았어요. 사실 제 건강은 좋지 않았던 겁니다. 이 글을 쓰는 지금도 제 건강 상태가 어떤지 모릅니다. 아마 지금도 암세포는 있을 것이고, 어쩌면 다른 혈전이 떨어져 폐로 이동하기 직전인지도 모르지요.

간단히 말하면, 이 책을 읽고 있는 분이나 저나 지금 둘 다 매우 약한 상태라는 겁니다. 여러분은 병원에 있고 저는 집에 있을지 모르지만, 우리 자신이 얼마나 성하거나 병들어 있는지 피차 정확히는 몰라요. 그래서 저는 이제 "좋습니다"라는 말 대신 "좋은 것 같습니다"라고 말합니다.

이는 성경이 해 주는 말과도 잘 맞아듭니다.

들으라 너희 중에 말하기를

오늘이나 내일이나

우리가 어떤 도시에 가서

거기서 일 년을 머물며 장사하여

이익을 보리라 하는 자들아

내일 일을 너희가 알지 못하는도다

너희 생명이 무엇이냐

너희는 잠깐 보이다가 없어지는 안개니라

너희가 도리어 말하기를

주의 뜻이면 우리가 살기도 하고

이것이나 저것을 하리라 할 것이거늘.

야고보서 4장 13-15절

주의 뜻이면 우리는 삽니다. 그러니 우리는 겉보기 만큼 그렇게 약하지 않습니다. 우리 생명은 하나님의 능하신 손안에 있어요. 그분의 뜻이면 우리는 삽니다. 우리를 향한 그분의 목적이 다하기까지는 죽지 않습니다. 우리가 사는 게 하나님의 뜻이라면 어떤 적(敵)이나 질병도 우리를 데려갈 수 없습니다. 하나님의 구원의 손안에 붙들려 있는 것보다 더 안전한 것은 없습니다.

조금 전 저는 성경을 인용했는데요. 왜 그랬을까요? 책을 더 써 내려가기 전에 제가 이 글을 쓴 배경과 제가 무엇을 믿는지부터 먼저 밝혀 두는 게 좋을 것 같군요. 이 고백의 목적은 두 가지입니다.

하나는 솔직하고 싶어서입니다. 제가 무엇을 믿고 있으며 제 견해가 어디서 왔는지 조금도 숨김없이 내보이고 싶어요. 또 다른 목적은 여러분을 격려하는 것입니다. 제가 그리스도인인 이유는, 이제부터 말씀드릴 내용들이 진리이자 세상 최고의 소식이라 믿기 때문입니다. 특히 병원에서는 더 기쁜 소식이지요. 저는 진솔하게 여러분을 격려하고 싶습니다.

　몸이 아플 때는 장문의 논문을 읽을 시간도, 기력도 없음을 너무나 잘 압니다. 그래서 우선 제가 이 글을 쓴 배경을 열 가지로 짤막하게 요약했습니다. 이것이 1부입니다. 힘들다면, 이 부분을 건너뛰고 곧장 다음으로 넘어가도 좋아요. 목차를 보고, 자신에게 필요한 부분 먼저 펼쳐 읽으셔도 됩니다. 2부에는 제가 병원에 입원해 있으면서 배운 몇 가지 깨달음을 담았습니다. 부디 힘과 도움이 되기를 바랍니다.

Part 1

진리를 굳게 붙드십시오
그 진리가
당신을 지켜 줍니다

고통의 병상을 은혜로 바꾸는 10가지 진리

우리는 누구나 삶과 죽음에 대한 신념, 선과 악에 대한 신념, 신에 대한 신념을 가지고 있습니다. 누군가 여러분에게 병원 생활에 대해 감히 조언하려 한다면, 여러분은 먼저 그 사람이 기본적으로 무엇을 믿으며, 왜 믿는지부터 알아봐야 합니다. 그래서 제가 믿는 진리 열 가지를 여기에 정리했습니다.

저는 아파서 병원에 입원하러 갈 때 그 어떤 것보다 이 진리를
마음에 소중히 품고 갔고, 병상에 있는 동안 그것에 간절히
의지했으며, 제가 마음에 품은 것이 진리라는 확신이 더욱 굳
건해져 퇴원했습니다.

1
"들려오는 오만 소리에
마음이 어수선합니다"

은혜의 진리 1

'하나님 말씀'인 성경을 붙드십시오.
하나님이 주시는 위로는
확실하고 흔들림이 없습니다.

여러분이 겪고 있는 고난에 대한 제 사견에는 권위가 없을지 모릅니다. 인간의 어설픈 조언은 아픈 이의 마음을 더 복잡하게 만들 뿐이지요. 그러나 '하나님 말씀'에는 권위가 있습니다. 살아 계신 하나님이 여러분을 그분의 말씀으로 인도하고 위로하길 원하십니다.

성경이 하나님의 말씀인지는 어떻게 아느냐고요? 간단히 답하자면, 성경을 관통하며 빛나는 영광이 여러분 마음 가운데 새겨진 하나님 모양의 틀과 완벽하게 맞아떨어지기 때문입니다. 그래서 우리 마음이 가장 깨끗할 때, 우리는 하나님의 음성을 듣습니다.

예수님은 이렇게 말씀하셨어요.

내 양은 내 음성을 들으며

나는 그들을 알며

그들은 나를 따르느니라.

요한복음 10장 27절

성경은 우리가 마음 깊은 곳에서 하나님을 안다고
말합니다.

이는 하나님을 알 만한 것이

그들 속에 보임이라

하나님께서 이를 그들에게 보이셨느니라.

로마서 1장 19절

하나님의 세계가 하나님이 창조주임을 밝히 알려
주듯(시 19:1 참조), 하나님의 말씀인 성경도 하나님이 저자
임을 밝히 알려 주고 있습니다. 이건 우리가 꿀을 꿀로
아는 이치와 비슷해요.

과학자들은 화학 실험 결과를 근거로 이 병에 꿀이 들어 있다고 하겠지만, 우리는 그저 맛을 보면 그게 꿀인지 알 수 있지요. 비슷하게, 하나님 말씀도 영적인 단맛이 납니다. 그 말씀은 그분이 지으신 우리 마음 한 구석에 와 닿기 마련입니다. 그래서 시편 기자는 "주의 말씀의 맛이 내게 어찌 그리 단지요 내 입에 꿀보다 더 다니이다"(시 119:103)라고 고백했지요.

꿀을 맛보아 꿀임을 아는 것처럼, 그런 식으로 우리 마음이 "성경은 폐하지 못하나니"(요 10:35)라는 예수님의 말씀, "모든 성경은 하나님의 감동으로 된 것"(딤후 3:16)이라는 사도 바울의 말, "성령의 감동하심을 받은 사람들"(벧후 1:21)이 성경을 기록했다는 사도 베드로의 말에 '그렇습니다'라고 동의하게 되는 것입니다.

여러분도 그동안 직접 맛보았고, 또 경험했습니다. 과연 성경은 달았고, 그것이 진리라는 깊은 확신을 얻었습니다. 여러분의 온 영혼은 "주님의 말씀은 모두 진리입니다"(시 119:160 참조, 우리말성경), "여호와여, 주의 말씀은 영원히 하늘에 굳게 섰습니다"(시 119:89 참조), "하나님의 말씀은 다 순전합니다"(잠 30:5) 같은 진술에 공감하고 있습니다.

하나님은 이 모든 진리의 말씀으로, 이 시간 병상에 누워 있는 여러분에게 찾아와 비할 데 없는 위로를 부어 주기를 원하십니다.

내 속에 근심이 많을 때에
주의 위안이 내 영혼을 즐겁게 하시나이다.

시편 94편 19절

여호와는 마음이 상한 자를 가까이 하시고
충심으로 통회하는 자를 구원하시는도다
의인은 고난이 많으나
여호와께서 그의 모든 고난에서
건지시는도다.

시편 34편 18-19절

여러분의 영혼을 하나님처럼 위로할 수 있는 사람은 없습니다. 하나님이 주시는 위로는 확고하고 흔들림이 없어요. 그리고 그 위로는 하나님의 말씀인 성경에서 옵니다. 이것이 저의 첫 번째 믿음입니다. 앞으로 나눌 나머지 내용들은 다 여기에 기초한 것입니다.

2
"고통 한복판에 두시는
하나님이 원망됩니다"

은혜의 진리 2

우리 하나님은 선하십니다.

'하나님의 말씀'인 성경이 우리에게 이렇게 말합니다.

여호와는 선하시며
환난 날에 산성이시라
그는 자기에게 피하는 자들을
아시느니라.

나훔 1장 7절

곧 하나님은 빛이시라

그에게는 어둠이

조금도 없으시다는 것이니라.

요한일서 1장 5절

여호와는 선하시니

그의 인자하심이 영원하고

그의 성실하심이 대대에 이르리로다.

시편 100편 5절

너희는 여호와의 선하심을

맛보아 알지어다

그에게 피하는 자는 복이 있도다

시편 34편 8절

병원에 있으면 누구나 고난에 둘러싸입니다. 병

원 바깥세상에서는 고통이 일상이라는 물속에 녹아 있지요. 그러나 병원에서는 마치 물이 끓어 다 증발해 버리고 고난의 침전물만 농축되어 남은 것 같습니다. 눈에 보이고 귀에 들리는 게 고난뿐이고, 심지어 냄새까지도 그렇습니다.

당연히 '하나님은 선하신 분인가?' 하는 의문이 들수 있어요. 그분이 지으신 세상에 고난이 이렇게도 많다니! 성경에 나오는 하나님의 답을 조지 뮐러에게서 들어 봅시다. 뮐러는 19세기 영국에 극빈 아동을 위한 고아원을 여럿 지은 사람으로 유명합니다. 1870년, 그러니까 그가 예순다섯 살이 되던 해, 40년간 부부로 함께 살아온 그의 부인이 세상을 떠났습니다. 아내를 깊이 사랑했던 뮐러는 장례식에서 시편 119편 68절을 본문으로 말씀을 전했습니다.

주는 선하사
선을 행하시오니.

자신이 이 진리를 어떻게 붙드는지를 그는 설교 중
에 이렇게 고백했습니다.

모든 일은 그분의 복되신 성품대로 됩니다.
그분이 선하시니 그분에게서는
선한 일밖에 나올 수 없습니다.
제 사랑하는 아내를 데려가시는 것이
그분의 뜻이라면
이 또한 그분처럼 선한 일입니다.
그분의 자녀로서 제 본분은
아버지가 하시는 일에 만족하며
그분을 영화롭게 하는 것입니다.
그것이 제 영혼의 목표이고,
하나님의 은혜로 거기에 도달했습니다.
저는 하나님으로 만족합니다.*

우리가 병원에서 고난에 둘러싸여 있을 때도 하나님은 여전히 선하신 분입니다.

* George Müller, *A Narrative of Some of the Lord's Dealings with George Müller, Written by Himself, Jehovah Magnified. Addresses by George Müller Complete and Unabridged* (Muskegon, MI: Dust and Ashes, 2003), 2:398-99.

3
"아무도 이 아픔 모릅니다"

은혜의 진리 3

하나님이 아십니다.
그분의 부요한 지혜로,
우리 필요를 채우십니다.

하나님은 여러분의 몸과 질병을 속속들이 다 아십니다. 온 우주를 훤히 꿰뚫고 계시는 그분의 지식에 비하면, 세상의 모든 과학자는 어린아이와 같고 세상의 모든 장서는 초등학교 1학년 국어책과 같지요. 그분이 완전히 알지 못하거나 이해하지 못하는 것은 아무것도 없습니다.

깊도다
하나님의 지혜와 지식의 풍성함이여,
그의 판단은 헤아리지 못할 것이며
그의 길은 찾지 못할 것이로다.

로마서 11장 33절

영원하신 하나님 여호와,
땅끝까지 창조하신 이는……
명철이 한이 없으시며.

이사야 40장 28절

지식이 이렇게 무한하시기에 또한 무한히 지혜로우시지요. 이 한없는 지식으로 하나님은 그분의 모든 지혜로운 목적을 이루십니다.

지혜와 권능이 하나님께 있고
계략과 명철도 그에게 속하였나니.

욥기 12장 13절

여호와여 주께서 하신 일이
어찌 그리 많은지요
주께서 지혜로 그들을 다 지으셨으니.

시편 104편 24절

영원부터 영원까지

하나님의 이름을 찬송할 것은

지혜와 능력이 그에게 있음이로다.

다니엘 2장 20절

하나님은 우리가 환난 중에 이 사실에서 위로를 받기 원하십니다. 그것을 어떻게 아느냐면 다음과 같은 그분의 말씀 때문입니다. 그분이 우리에게 이르시기를, 기도로 우리의 필요를 아뢰되 마치 그분이 인색하신 분인 양 말을 많이 하지 말라고 하셨어요.

또 기도할 때에

이방인과 같이 중언부언하지 말라……

구하기 전에 너희에게 있어야 할 것을

하나님 너희 아버지께서 아시느니라.

마태복음 6장 7-8절

여러분에게 무엇이 필요한지 하나님이 알고 계십니다. 일상적인 필요 때문에 불안해하지 마십시오.

너희 하늘 아버지께서
이 모든 것이 너희에게 있어야 할 줄을
아시느니라.

마태복음 6장 32절

그분이 아십니다. 우리의 모든 필요가 그분의 지혜를 따라 채워질 것입니다.

나의 하나님이
그리스도 예수 안에서
영광 가운데
그 풍성한 대로
너희 모든 쓸 것을 채우시리라.

빌립보서 4장 19절

힘을 내어 믿음으로 이렇게 선포합시다.

지혜로우신 하나님께
예수 그리스도로 말미암아
영광이 세세무궁하도록 있을지어다 아멘.

로마서 16장 27절

4
"하나님도 못 고치실 겁니다"

은혜의 진리 4

하나님이
전적으로 주관하고 계십니다.

하나님이 전적으로 주관하신다는 사실에서 위로를 받는 사람도 있고, 이것을 믿지 못하는 사람도 있습니다. 그런가 하면 하나님을 끔찍한 고난과 연결한다는 자체로 이를 신성모독이나 잔인한 일로 여기는 사람도 있지요.

저는 첫 번째 부류에 속합니다. 저나 제가 사랑하는 이들에게 무슨 일이 벌어지든 그것이 무의미한 우연이 아님을, 또 우리가 악한 귀신들의 주권 아래 있지 않음을 안다는 게 제게 큰 위로가 됩니다. 하나님은 선하시고 지혜로우신 분이므로, 그런 하나님이 다스리신다는 것은 분명 기쁜 소식입니다.

하나님은 말씀하셨습니다.

나의 뜻이 설 것이니
내가 나의 모든 기뻐하는 것을
이루리라.

이사야 46장 10절

나는 여호와요
모든 육체의 하나님이라
내게 할 수 없는 일이 있겠느냐.

예레미야 32장 27절

여기에 우리도 욥처럼 반응합시다.

주께서는 못 하실 일이 없사오며
무슨 계획이든지
못 이루실 것이 없는 줄 아오니.

욥기 42장 2절

또 예수님을 따라 이렇게 고백합시다.

사람으로는 할 수 없으나
하나님으로서는 다 하실 수 있습니다.

마태복음 19장 26절 참조

참새 다섯 마리가 두 앗사리온에 팔리나,
하나님은 그중 한 마리까지도
잊지 않으시는 분입니다.
진정 제 머리카락까지도 다 세시는 주님,
두려워하지 않겠습니다.
저는 그 많은 참새보다 더 귀합니다.

마태복음 10장 31절 참조

예수님처럼 우리도 아버지의 뜻이 아니면 참새 한 마리도 땅에 떨어질 수 없다고 고백합시다. 이것이 왜 기쁜 소식일까요? 그분이 이유를 알려 주십니다. 우리가 병들거나 죽게 되었을 때 하나님의 자비가 건강할 때만큼 잘 보이지 않을 수 있습니다. 그래서 하나님의 말씀이 필요합니다. 경험은 믿을 만한 길잡이가 못 되지만 하나님은 확실한 분이십니다.

병마나 사탄이나 혹 다른 인간이 우리 목숨을 위협할 때, 우리는 하나님이 요셉의 형들에게 하셨던 말씀을 우리에게 주시는 말씀으로 들어야 합니다. 그들은 일찍이 요셉을 노예로 팔았으나(창 37:28 참조), 결국 요셉이 이집트에서 그들을 다스리게 되었습니다. 그런데 그때 요셉이 뭐라고 말했는지 아시나요?

당신들은 나를 해하려 하였으나
하나님은 그것을 선으로 바꾸사.

창세기 50장 20절

하나님은 그냥 악을 선용하신 정도가 아니라 애초부터 선을 의도하셨어요. 요셉의 형들의 목적은 악했으나 하나님께는 선한 목적이 있었습니다. 이것이 고난 중에 모든 위로를 누리는 열쇠예요. 우리 삶을 향한 사탄의 속내가 아무리 악할지라도 하나님의 의중은 선합니다. 이 진리를 꼭 붙드십시오. 다른 모든 게 암담해 보일 때 이 진리가 엄청난 위로가 된답니다.

5
"뭘 잘못했길래 내게
이런 벌을 내리나 싶어 서글픕니다"

은혜의 진리 5

추악한 질병의 근원은
'원죄'입니다.

추악한 질병의 추악한 기원은 죄입니다. 이건 여러분의 병이 여러분 혹은 여러분의 가족이나 조상의 특정한 죄에 대한 형벌이라는 말이 아닙니다. 모든 질병은 최초의 남녀인 아담과 하와의 죄에서, 즉 원죄에서 비롯되었다는 뜻이에요.

신앙생활을 잘하는, 세상에서 가장 경건한 사람들에게도 질병과 고난은 닥쳐옵니다. 우리의 모든 시련은 우리 믿음을 금처럼 연단하시는 하나님의 자비로운 손길입니다(벧전 1:6-7 참조). 다만 특정한 죄와 특정한 고난 사이의 상관관계는 단순하지 않습니다.

아담과 하와가 하나님께 반항하여 스스로 신이 되었을 때, 하나님은 온 세상을 그 추악한 행동에 대한 하나의 고통스러운 비유로 전환시키셨어요. 성경에 보면, 하나님은 피조물을 허무한 데 굴복하게 하시고 썩어짐의 종노릇에 내어 주셨다고 나옵니다(롬 8:20-21 참조).

병상에 누워 고통의 소리를 들을 때 정말 우리가 마음 깊이 새겨야 할 말은 이것입니다. '죄는 추악하다.'

6
"이대로 생이 끝날까 봐
두렵고 허망합니다"

은혜의 진리 6

예수께서 죄인인 우리를 위해
죽으셨고 부활하셨습니다.
살든지, 죽든지
우리는 주의 것입니다.

병원뿐 아니라 어디서고 우리가 들을 수 있는 최고의 위로는 하나님이 그분께 반항한 사람들에게도 사랑을 베푸신다는 소식입니다. 그분은 아들 예수 그리스도를 보내 죄인들이 마땅히 당해야 할 형벌을 대신 당하게 하셨습니다.

하나님과 화목하지 못한 상태에서 병실에 누워 죽음을 생각한다는 건 정말 끔찍한 일입니다. 그러나 설령 죽더라도 정죄당하지 않고 영원한 생명을 얻을 것을 알고서 거기에 누워 있을 수 있다면 이는 놀라운 은혜지요.

하나님 덕분에 그런 화목한 관계가 가능해졌습니다. 죄인인 우리 영혼과 하나님의 사랑을 이어 주는 고리는 그리스도를 믿는 믿음입니다. 그분이 무슨 일을 하셨습니까?

친히 나무에 달려 그 몸으로
우리 죄를 담당하셨으니.

베드로전서 2장 24절

그리스도께서도 단번에 죄를 위하여 죽으사
의인으로서 불의한 자를 대신하셨으니
이는 우리를 하나님 앞으로
인도하려 하심이라.

베드로전서 3장 18절

하나님이 죄를 알지도 못하신 이를
우리를 대신하여 죄로 삼으신 것은
우리로 하여금 그 안에서
하나님의 의가 되게 하려 하심이라.

고린도후서 5장 21절

우리가 아직 죄인 되었을 때에
그리스도께서 우리를 위하여 죽으심으로
하나님께서 우리에 대한 자기의 사랑을
확증하셨느니라.

로마서 5장 8절

하나님이 세상을 이처럼 사랑하사

독생자를 주셨으니

이는 그를 믿는 자마다 멸망하지 않고

영생을 얻게 하려 하심이라.

요한복음 3장 16절

그리스도가 이루신 이 놀라운 일을 믿고 의지할 때 우리는 로마서 8장 1절의 약속 안에서 안식할 수 있습니다.

그러므로 이제

그리스도 예수 안에 있는 자에게는

결코 정죄함이 없나니.

비록 병상일망정 살든지 죽든지 하나님이 우리 편이심을 알고 잠드는 것보다 더 귀한 일이 있을까요? 제가 암 진단을 받았을 때 주님이 제게 주신 말씀이 그것입니다. '**살든지 죽든지 너는 내 것이다.**'

하나님이 우리를 세우심은
노하심에 이르게 하심이 아니요
오직 우리 주 예수 그리스도로 말미암아
구원을 받게 하심이라
예수께서 우리를 위하여 죽으사
우리로 하여금 깨어 있든지 자든지
자기와 함께 살게 하려 하셨느니라.

데살로니가전서 5장 9-10절

7
"완쾌되고 싶지만…
그럴 수 있을까요?"

은혜의 진리 7

질병은 이 세상을 향한
하나님의 본래 뜻도,
최종안도 아닙니다.

질병은 본연의 상태가 아닙니다. 하나님이 세상을 창조하신 후에 지으신 그 모든 것을 보시니 보시기에 심히 좋았다고 합니다(창 1:31 참조). 죄가 있기 전에는 병도 없었지요.

앞으로 더는 병이 존재하지 않을 날이 반드시 올 겁니다. 하나님의 목적은 세상의 죄와 불의와 고난을 완전히 없애시는 겁니다. 그분은 온 세상을 새롭게 하는 분이십니다.

모든 눈물을 그 눈에서 닦아 주시니
다시는 사망이 없고 애통하는 것이나
곡하는 것이나 아픈 것이
다시 있지 아니하리니
처음 것들이 다 지나갔음이러라.

요한계시록 21장 4절

다시는 병원도 없고, 약물 치료나 휠체어나 목발, 부목도 없고, 항생제나 진통제도 없고, 수술이나 물리치료도 없을 때가 옵니다. 하나님은 구속(救贖)된 그분의 세상을 단번에 두루 치유하여 바로잡으실 겁니다. 세상 모든 피조물이 탄식하면서 간절히 기다리는 게 바로 그것입니다.

> 우리 곧 성령의 처음 익은 열매를 받은
> 우리까지도 속으로 탄식하여
> 양자 될 것 곧 우리 몸의 속량을
> 기다리느니라.

로마서 8장 23절

8
"주님을 믿고 싶지만
자꾸 마음에 시험이 듭니다"

은혜의 진리 8

사탄은 실재하고 잔인하지만
우리를 장악하지는 못합니다.

사탄은 하나님의 가장 큰 적이지만 그분의 적수는 못 됩니다. 하나님은 언제라도 사탄을 완전히 퇴출시키실 수 있습니다. 분명히 사탄이 하나님의 허락 하에 그분의 백성을 유혹하고 때로 괴롭히고 심지어 죽이기까지 하지만(계 2:10 참조), 이는 그분이 보시기에 지금으로서는 그것이 최선이기 때문에 일어나는 일입니다.

욥의 이야기를 봐도, 사탄은 하나님의 허락을 받고서야 그를 병들게 할 수 있었습니다(욥 2:4-7 참조). 베드로를 유혹할 때도 마찬가지로 하나님의 허락이 필요했지요(눅 22:31-32 참조). 사탄은 무엇이든 자기 마음대로 할 수 있는 존재가 아닙니다.

물론 성경 말씀대로 사탄이 병상에 누운 사람들까지 포함해서 하나님 백성의 믿음을 무너뜨리려고 우는 사자처럼 돌아다니는 건 사실입니다(벧전 5:8-9 참조). 그러나 사탄은 줄에 묶여 있어 하나님이 허락하지 않으시는 한 여러분 곁에 다가올 수도 없습니다.

하나님은 사탄의 불화살을 소멸하도록 우리에게 믿음의 방패를 주셨습니다(엡 6:16 참조). 또한 사탄의 손아귀에서 우리를 건지실 것도 약속하셨지요.

그런즉 너희는 하나님께 복종할지어다
마귀를 대적하라
그리하면 너희를 피하리라.

야고보서 4장 7절

다음 말씀은 현재 고난을 겪는 이들에게 얼마나 달콤하고도 위력적인 약속입니까?

너희는 믿음을 굳건하게 하여

그[마귀]를 대적하라

이는 세상에 있는 너희 형제들도

동일한 고난을 당하는 줄을 앎이라

모든 은혜의 하나님

곧 그리스도 안에서 너희를 부르사

자기의 영원한 영광에 들어가게 하신 이가

잠깐 고난을 당한 너희를

친히 온전하게 하시며 굳건하게 하시며

강하게 하시며 터를 견고하게 하시리라

권능이 세세무궁하도록

그에게 있을지어다 아멘.

베드로전서 5장 9-11절

9
"낫게 해 달라는 건
미성숙한 기도 같아 망설여집니다"

은혜의 진리 9

재림의 날뿐 아니라
지금도 치유하십니다.

하나님은 지금도 병을 치유하십니다. 기적으로 고치실 때도 있고, 의료진의 의학적 수단으로 고치실 때도 있습니다. 그러나 하나님은 현세에 모든 병을 고치실 것을 약속하지는 않으십니다. 성경에 "그가 채찍에 맞음으로 너희는 나음을 얻었나니"(벧전 2:24)라는 말씀이 있으나 낫는 때는 명시되지 않았지요.

바울이 밝혔듯이 인류가 죄를 짓고 타락한 결과 중 하나로 그리스도인까지도 속으로 탄식하며 양자 될 것 곧 우리 몸의 속량을 기다리고 있습니다(롬 8:23 참조). 예수님이 다시 오실 때까지 기다려야 한다는 뜻이에요. 그때까지는 그리스도인도 질병과 재난 때문에 신음합니다.

하나님의 모든 자녀가 완전히 치유되는 것은 우리에게 주어질 최종 유산의 일부입니다(계 21:4 참조). 그러나 지금도 그 유산을 가불해 누릴 수 있어요. 하나님나라가 부분적으로 이미 임했기 때문입니다.

그래서 예수님은 "내가 만일 하나님의 손을 힘입어 귀신을 쫓아낸다면 하나님의 나라가 이미 너희에게 임하였느니라"(눅 11:20)라고 말씀하셨고, 또 "하나님의 나라는 너희 안에 있느니라"(눅 17:21)라고도 하셨습니다.

그 나라가 임하면 그 나라의 왕이 베푸시는 치유도 따라옵니다. 예수님은 사도들을 내보내 하나님나라를 전파하며 앓는 자를 고치게 하셨습니다(눅 9:2 참조). 그러므로 하나님나라가 이 땅에 어느 정도 임했다면 치유도 이 땅에 어느 정도 주어집니다.

그래서 야고보는 당대의 모든 교회를 향해 이렇게
말했습니다.

> 너희 중에 병든 자가 있느냐
> 그는 교회의 장로들을 청할 것이요
> 그들은…… 그를 위하여 기도할지니라
> …… 그러므로 너희 죄를 서로 고백하며
> 병이 낫기를 위하여 서로 기도하라.
>
> 야고보서 5장 14, 16절

부끄러워하지 말고 이런 기도를 부탁하십시오. 그
리고 무엇이 가장 좋은지 아시는 아버지께 결과를 의탁
하십시오.

10
"~했더라면 병에 안 걸렸을 텐데. ~했더라면 더 빨리 나았을 텐데"

은혜의 진리 10

우리의 삶, 우리의 아픔은
무의미하지 않습니다.

여러분은 임의의 세포 변이, 우발성 유전 이상, 악성 변종 바이러스, 우연한 불운 따위의 피해자가 아니에요. 우리가 사는 세상이 그런 곳이라면 제가 이런 책을 쓸 일도 없었을 겁니다. 아무런 의미나 희망도 없었을 것이고, 여러분과 저는 분자의 조합만 더 복잡할 뿐 지금 여러분이 누워 있는 매트리스만큼이나 무의미할 거예요.

그러나 의미를 부여하는 주관자가 존재하면 모든 일이 의미 있게 됩니다. 물론 그런 주관자가 계시고요. 그 하나님은 여러분의 삶을 향해 오늘 이렇게 말씀하십니다.

나의 뜻이 설 것이니
내가 나의 모든 기뻐하는 것을
이루리라.

이사야 46장 10절

지금 이 순간에도 그분은 모든 것을 합력하여 우리
의 영원한 선을 이루느라 바쁘십니다(롬 8:28 참조). 그분께
실패란 있을 수 없어요.

여호와의 계획은 영원히 서고
그의 생각은 대대에 이르리로다.

시편 33편 11절

의료진과 가족들에게도 다 나름대로 여러분을 향한
계획이 있을 것입니다. 그러나 확실한 계획은 하나뿐입
니다. 그 하나의 계획이 여러분 삶에 영원히 확고하고 흔
들림 없는 의미를 부여합니다.

사람의 마음에는 많은 계획이 있어도
오직 여호와의 뜻만이
완전히 서리라.

잠언 19장 21절

아주 미세한 착오에 대해서도 염려할 필요가 없습니다. 하늘 아버지의 뜻이 아니면 새 한 마리도 땅에 떨어지지 않으니까요(마 10:29 참조). 심지어 카지노에서 던지는 모든 주사위도 하나님이 그분의 목적에 맞게 이끄시는데, 하물며 사람 생명이 달린 모든 의료 절차야 오죽하겠습니까?

제비는 사람이 뽑으나[치료법은 사람이 정하나]
모든 일을 작정하기는
여호와께 있느니라.

잠언 16장 33절

한동안 하나님이 여러분을 무력한 어린아이처럼 되게 하셨지요. 그분을 신뢰하십시오. 그분은 좋으신 아버지입니다. 지혜와 힘과 사랑이 넘치시는 분입니다. 그분 안에서 안식하십시오. 그분은 여러분에게 가르쳐 주실 게 많으십니다.

제 차례가 되었을 때 깨달은 사실이 그것입니다. 다음번에도 똑같이 깨달았으면 좋겠습니다. 분명히 '다음번'이 올 테니까 말이지요.

Part 2

환우와
환우 가족들에게

영혼육을 살리는 10가지 병원 생활 지침

어떤 깨달음은 제 허를 찔렀습니다. 미처 예상하지 못한 싸움이 있었고, 모든 싸움에 하나님의 도움이 필요했습니다. 병원 생활을 하면서 뜻밖에도 저는 무엇에든 집중하기가 상당히 힘들었고, 영적으로 아주 나약하게 느껴졌습니다.

평소에 저는 하나님의 진리, 특히 그분의 약속에 사고를 집중하여 두려움과 분노의 유혹을 격퇴하는 데 익숙해져 있었습니다. 하지만 집중이 힘들어지면 믿는 일도 힘들어지더군요. 그러므로 지금부터 읽을 깨우침이 제게 쉽게 왔다고 생각하지 마십시오. 쉽게 얻은 게 아닙니다.

이 경험을 낭비하고 싶지 않아 가장 절실하고 직접 관련되는 깨달음들을 그때그때 적어 두었습니다. 그러기를 잘했다고 생각합니다. 그중 일부를 소개합니다. 여러분의 차례가 올 때 모쪼록 도움이 되기를 간절히 기도합니다.

1

의료진의 처치 지연이나
비능률적인 병원 행정에 대한
불평을 멈추십시오.

호출한 지가 언제인데 간호사는 감감무소식이고, 옆 침대의 환우는 코를 심하게 골고, 링거조절장치에서는 경고음이 울리고, 얼음 주머니가 빨리 준비되지 않는 상황에 대해 불평을 하게 될 때가 있습니다.

이럴 때 그 자체에 집중하기보다는 다음 사실을 생각해 보십시오. 지금 병원에서 이 글을 읽고 계신 여러분은 세계의 90퍼센트 지역에서 제공되는 것보다 백배 정도 나은 의료 혜택을 받고 있는 것입니다.

150년 전만 해도 병세가 이 정도면 여러분은 이미 유명을 달리했을 겁니다. 살아 있더라도 진통제가 없으니 통증을 고스란히 느끼며 끙끙 앓고 있었겠지요. 도대

체 병명이 무엇이고 살 가망이나 있는지조차 전혀 몰랐을 수도 있습니다.

현대인은 고통을 잘 견딜 줄 모릅니다. 우리는 일이 척척 돌아가기를 기대하지요. 자신이 필요하다고 느낄 때마다 바로바로 도움이 주어지기를 기대합니다. 신속한 약효를 기대하고, 우리를 돌보는 의료진이나 간병인들이 항상 친절하고 정중하기를 바랍니다. 그러면서 속수무책이라는 말만은 기대하지 않아요.

그래서 우리는 걸핏하면 불평합니다. 부끄럽지만 저도 마찬가지입니다. 불평은 우리가 믿는 하나님과 철저하게 모순됩니다. 불평은 하나님을 나약하거나 어리석거나 부주의하거나 무관심하거나 무력한 존재로 만듭니다. 하지만 하나님은 전혀 그런 분이 아니세요. 따라서 우리의 불평은 그분에 대한 거짓말이 됩니다. 하나님께 정말 죄송한 일이지요.

놀랍게도 성경은 불평에 대해 이렇게 말합니다.

모든 일을

원망[불평]과 시비가 없이 하라

이는 너희가 흠이 없고 순전하여

어그러지고 거스르는 세대 가운데서

하나님의 흠 없는 자녀로

세상에서 그들 가운데 빛들로 나타내며.

빌립보서 2장 14-15절

여러분은 병원이라는 세상에서 '빛으로 나타나고'
싶습니까? 성경에 따르면 여러분의 빛이 환해지려면 불
평이 없어야 합니다. 불평이 없으면 왜 그렇게 환해지고
놀라워질까요? 불평이야말로 세상에서 가장 자연스러운
일이기 때문입니다. 불평할 때 우리는 다른 일반 사람처
럼 행동합니다. 불평은 성령이나 그리스도 없이도 누구
나 할 수 있어요. 사랑이나 믿음도 필요 없습니다. 그저
권리 의식에 부푼 자아만 있으면 됩니다.

이것이 내가 배운 첫 번째 깨달음입니다. 저는 불평이 목까지 차오를 때 그리스도를 바라봐야 했어요. 그분이 제 본이 되시고 저를 도우셨습니다.

그리스도도 너희를 위하여 고난을 받으사
너희에게 본을 끼쳐
그 자취를 따라오게 하려 하셨느니라 ……
욕을 당하시되 맞대어 욕하지 아니하시고
고난을 당하시되 위협하지 아니하시고
오직 공의로 심판하시는 이에게
부탁하시며.

베드로전서 2장 21, 23절

우리가 병원에 있는 것도

다 그분의 계획과 사명이 있기 때문입니다.

그러니 여러분의 빛을 환히 비추십시오.

2

병실의 온갖 소음 속에서
말씀으로 영적 평안을
사수하십시오.

저는 병원에 있으면서 한시도 고요히 있을 수 없다는 사실에 놀랐습니다. 다른 사람의 경우는 다를 수도 있겠지만 제가 입원한 병실은 그랬습니다.

한밤중에도 마찬가지였습니다. 간호사들이 잡담을 나누었고, 간병인이나 보호자들은 새벽 3시에도 또렷한 목소리로 대화했습니다. 텔레비전 소리도 쉴 새 없이 떠들었습니다. 의료기기에서 나는 낯선 신호음이나 진동음이나 잡음도 거의 그칠 줄 몰랐습니다. 침묵이 못내 아쉬웠습니다.

이것은 제 영혼에 시험이 되었습니다. 가만히 있어 하나님이 하나님 되심을 알아야 할 바로 그 순간에 마음이 평정을 잃고 산만해졌습니다. 예상하지 못했던 일이라 허를 찔렸습니다. 기도하고 집중하고 혼잣말로 성경을 암송해서라도 영혼의 안정을 되찾아야만 했습니다.

내 영혼을 지켜 나를 구원하소서.

시편 25편 20절

혹 여러분도 지금 똑같은 상황에 있다면, 다음에 나오는 하나님의 말씀에 힘입어 소음 속에서도 그분의 평안을 누릴 수 있기를 바랍니다.

주께서 심지가 견고한 자를
평강하고 평강하도록 지키시리니
이는 그가 주를 신뢰함이니이다.

이사야 26장 3절

주 여호와 이스라엘의 거룩하신 이가

이같이 말씀하시되

너희가 돌이켜 조용히 있어야

구원을 얻을 것이요

잠잠하고 신뢰하여야

힘을 얻을 것이거늘.

이사야 30장 15절

내가 평안히 눕고 자기도 하리니

나를 안전히 살게 하시는 이는

오직 여호와이시니이다.

시편 4편 8절

아무것도 염려하지 말고
다만 모든 일에 기도와 간구로,
너희 구할 것을 감사함으로
하나님께 아뢰라
그리하면 모든 지각에 뛰어난
하나님의 평강이 그리스도 예수 안에서
너희 마음과 생각을 지키시리라.

빌립보서 4장 6-7절

소망의 하나님이 모든 기쁨과 평강을
믿음 안에서 너희에게 충만하게 하사
성령의 능력으로
소망이 넘치게 하시기를 원하노라.

로마서 15장 13절

불편과 통증과 두려움은 말할 것도 없고, 신경 쓰이게 하는 온갖 소리와 냄새와 방해와 사람들의 빈번한 출입 속에서도 평강의 하나님이 여러분의 영혼을 차분히 가라앉혀 주시고 예수님과 달콤한 교제를 나누게 해 주시기를 기도합니다.

3

텔레비전을 늘 켜 둘
필요는 없습니다.
당신의 영혼을 보살피십시오.

병원 측에서는 텔레비전 보는 일을 제일 쉽게 만들어 놓습니다. 병상마다 텔레비전이 따로 달려 있는 병원도 많아요. 머리맡의 단추만 누르면 되지요.

　　제가 우리 집에 일부러 텔레비전을 두지 않는 이유나 지금 이렇게 조언하는 이유는 섹스나 폭력(그것도 텔레비전의 엄연한 현실이지만)이라는 도깨비 때문이 아닙니다. 더 은근하고 만연하게 인간성을 말살하는 대다수 프로그램의 천박성 때문입니다. 영원의 문턱에 서 있는 사람에게 그야말로 아무 짝에도 쓸모없는 게 바로 텔레비전입니다.

옆 자리의 환우가 보는 텔레비전 소리를 듣다가 제가 기겁한 것은 선정성(물론 이것도 아주 심각하지만)이 아니라 공허함 때문이었습니다. 모두가 시시하고 어이없고 유치하고 허망하기 짝이 없었습니다. 어른들이 한다는 짓이 하나같이 삶을 경박한 쇼처럼 대했습니다. 괜히 제가 민망해졌습니다. 그들이 옷을 벗고 있어서가 아니라 인간의 영광을 잃어버렸기 때문입니다. 하나님을 향한 의식은 더 말할 것도 없습니다.

이 모두는 옆 침대에 누워 있는 환우의 섬뜩한 모습과 극명한 대조를 이루었습니다. 그는 중병에 걸려 비참한 상태였지요. 하나님의 형상대로 지음 받은 존엄한 존재가 고통당하고 있는데 그 옆에 텔레비전의 천박성이 병치된다는 게 비극이었습니다. 인간의 영혼은 숭고하고 존엄하고 경이로우며, 특히 온 세상의 창조주와의 관계에서 그렇습니다. 그러나 텔레비전을 통해서는 그 사실을 전혀 짐작조차 할 수 없습니다.

굳이 텔레비전을 늘 켜 둘 필요는 없습니다. 뭔가

영혼의 품격을 높여 줄 만한 것들을 읽거나 듣거나 생각하십시오. 그리하여 여러분의 영혼이 얼마나 영광스러운 존재인지 되새기고, 그 영혼이 지음 받은 목적인 하나님의 영광을 되새기십시오. 급작스런 사고로 병원에 실려온 게 아니라면 입원하기 전에 휴대전화에 혼자 들을 수 있도록 예배 음악과 그리스도 중심의 설교를 충분히 준비하십시오. 그런 것에 문외한이라면 다른 사람에게 도움을 청하는 방법도 있습니다. 그리하여 의료진이 여러분의 몸을 돌보는 만큼 여러분은 최대한 자신의 영혼을 보살피십시오. 사도 바울은 우리에게 이렇게 권면합니다.

그러므로 너희가 그리스도와 함께
다시 살리심을 받았으면 위의 것을 찾으라
거기는 그리스도께서
하나님 우편에 앉아 계시느니라
위의 것을 생각하고
땅의 것을 생각하지 말라.

골로새서 3장 1-2절

4

같은 병실 환우들을 위해 기도하십시오.
상대가 허락한다면 같이 기도해 주고
예수 안에 있는 소망을 말해 주십시오.

저도 옆 병상에 누운 환우에게 시도했으나 만족스럽지는 못했습니다. 그의 육신은 너무도 비참한 상태였습니다. 그래도 제가 할 수 있는 만큼은 했습니다. 퇴원하기 전에 그에게 쪽지를 써서 예수님에 대한 책과 함께 남겨 두면서 주님의 복을 빌었습니다. 밝은 얼굴로 아주 너그럽게 저를 돌봐준 간호사에게도 똑같이 했습니다.

여러분이 지금 어디에 있든 그것은 결코 우연이 아닙니다. 제 아내는 "하나님의 섭리"라는 표현을 즐겨 씁니다. 그래요, 병실 안의 만남도 하나님이 예비하신 것입니다. 아주 짤막하게라도 예수님을 전하면 그것이 어떤 열매를 맺을지 아무도 모릅니다.

저는 오랫동안 목회를 하면서 교회에 처음 나온 분들의 간증을 자주 들었습니다. 그들은 하나님이 자신을 그분께로 인도하신 사연을 말했습니다. 그런데 대개는 교회로 나오기까지 그리스도인을 만나거나 복음을 접한 횟수가 많았어요. 다시 말해서 한두 번 듣고서 예수님을 믿은 경우는 극히 드물었습니다. 때가 되어 하나님이 눈을 뜨게 해 주시자 그들은 예수님의 진리와 아름다움을 봤습니다.

그리스도의 기쁜 소식을 전하는 우리의 노력이 하나도 허사가 아니라는 뜻입니다. 상대가 즉시 회심할 수도 있고 그렇지 않을 수도 있습니다. 하지만 우리 말을 통해 하나님이 어떤 일을 하실지 아무도 모릅니다.

일례로 1967년 여름에 저는 어느 신앙수련회에서 물놀이 안전요원 겸 교사로 봉사했습니다. 우리 방의 다섯 학생을 그리스도께로 인도할 책임도 함께 맡았지요. 진정한 그리스도인은 그중 아무도 없는 것 같았습니다. 그래서 밤마다 최선을 다해 그리스도의 매력과 실체를 말해 주었으나, 아이들은 별로 관심이 없어 보였습니다.

일찍 떠날 일이 있어 저는 수련회 마지막 밤에 함께 하지 못했습니다. 그런데 나중에 들으니 그중 몇 학생이 폐회 집회에서 신앙을 고백했다고 하더군요.

예수님을 대변할 때 행여 여러분의 말이 허사라고 생각하지 마십시오. 여러분이 하필 이때에 이 병원의 이 병실에 있는 데는 다 이유가 있습니다. 누가복음에 나오는 예수님의 말씀을 이렇게 적용해도 무방합니다.

내 이름으로 말미암아 너희[를] ……
임금들과 집권자들[과 의사, 간호사, 환우들] 앞에
끌어가려니와
이 일이 도리어
너희에게 증거[의 기회]가 되리라.

누가복음 21장 12-13절

5

통증이 밀려올 때,
몇 단어로도 충분하니
말씀을 계속 선포하십시오.

영혼을 곁길로 빠지게 하는 것은 온갖 잡다한 소리만이 아닙니다. 육신의 통증도 있습니다. 여러분이 여기에 허를 찔리지 않았으면 좋겠습니다. 우리는 고통 때문에 하나님이 필요한데, 바로 그 고통이 우리 시야를 가려 하나님을 보지 못하게 할 수 있습니다.

이럴 때는 여러분의 마음속에 하나님에 대한 단순하고 짤막한 성경 말씀들이 들어 있는 게 참 중요합니다. 그러면 자신에게 그것을 선포할 수 있습니다. 하나님의 주권과 선하심에 대한 길고 복잡한 논리는 이런 상황에서 통하지 않습니다. 육신의 아픔이 워낙 사람의 머릿속을 흐려 놓기 때문입니다. 통증 때문에 사고력을 다 발휘

할 수 없습니다.

여러분에게 필요한 것은 이것입니다.

"여호와는 나의 목자시니." 끝.

"그리스도께서 나를 위하여
자기 자신을 버리셨으니." 끝.

"내가 결코 너희를 버리지 아니하리라." 끝.

"여호와께는 능하지 못한 일이 없나니." 끝.

"모든 것이 합력하여 선을 이루느니라." 끝.

이런 진리는 여러분의 이름이 새겨진 흰 돌과도 같습니다. 신음하며 기다리는 동안 그것을 손안에 꼭 붙들어야 합니다.

아직 사고력이 멀쩡하고 통증이 없을 때 성경을 읽으면서 이런 보물을 찾아 두십시오. 여러분은 마치 아버지의 배웅을 받고 전쟁터로 나가는 아들과 같습니다. 마지막 순간에 아버지가 아들에게 금속으로 된 조그만 축구공 마스코트를 건넵니다. 아들은 그 의미를 알기에 풋마스코트를 손에 꼭 쥡니다. "우리가 함께했던 세월은 정말 소중하단다. 너를 사랑한다."

제 아버지도 제게 그렇게 해 주었습니다. 그때 저는 독일 유학길에 올라 뉴욕에서 비행기를 타기 직전이었습니다. 아버지는 그 자리에 올 수 없어 라디오시티 뮤직홀 근처에서 공중전화로 제게 연락했습니다. 아버지가 마지막으로 해 준 말은 이것이었습니다.

두려워하지 말라

내가 너와 함께 함이라

놀라지 말라

나는 네 하나님이 됨이라

내가 너를 굳세게 하리라

참으로 너를 도와주리라

참으로 나의 의로운 오른손으로

너를 붙들리라.

이사야 41장 10절을 아들에게 직접 들려준 겁니다. 몇 년 동안 타국에서 홀로 있으면서 그 구절을 얼마나 자주 외웠는지 모릅니다.

지난 세월 저는 병원으로 심방을 갈 때마다 환우들에게 아주 짧고 영광스러운 진리들을 말해 주었습니다. 특히 대수술을 바로 앞둔 사람들에게 그렇게 했습니다. 마취제가 몸에 퍼지는 순간까지도 그것을 기억할 수 있도록 말입니다.

　　그냥 몇 단어로도 충분하니 여러분도 하나를 꼭 붙들기를 바랍니다. 고통은 생각을 흐려 놓지만 진리의 말씀 한마디가 여러분의 초점을 지켜 줄 수 있습니다.

　　제가 암수술을 받을 때 붙든 말씀은 이것입니다.

　　하나님이 우리를 세우심은
　　노하심에 이르게 하심이 아니요
　　오직 우리 주 예수 그리스도로 말미암아
　　구원을 받게 하심이라.

　　데살로니가전서 5장 9절

6

가족이나 친구에게 도움을 청해
의료진과 긴밀하게 소통하십시오.

입원이 대개 갑작스러운 일이다 보니 당사자는 혼란스러워 사태를 이모저모 명료하게 생각할 여력이 없습니다. 물론 제 경우도 그랬습니다. 이것저것 물어야 할 게 많은데 생각이 따라가 주지 않았습니다.

저를 대변해 줄 사람이 필요했습니다. 다행히 아내가 곁에서 의사들에게 약물 치료, 생활 습관, 식단, 여행 중 주의할 점 등 요긴한 사항을 충분히 물어봤습니다. 병의 실상을 파악하고 앞으로 지혜롭게 살아가려면 많은 정보가 필요할 텐데, 아무리 유능한 의료진도 거기까지 다 헤아릴 수는 없습니다. 우리 쪽에서 물어야 할 뿐 아니라 질문을 제대로 잘하려면 도움이 필요합니다.

물론 곁에 있어 줄 아내나 남편, 부모, 형제가 없는 분들도 있습니다. 그럴 때는 주저하지 말고 도움을 청하십시오. 주치의의 회진 시간을 알아내서 친구나 지인에게 그때 와 달라고 부탁하세요. 친구에게 권한을 주어 의사의 소견을 듣고 무엇이든 생각나는 건 모두 물어보게 하십시오.

이런 도움을 청하기란 쉽지 않습니다. 우리는 대부분 무엇이든 혼자 힘으로 하는 데 익숙해져 있어 무력감을 싫어합니다. 저의 오랜 지인들 중에는 아무에게도 폐를 끼치고 싶지 않아 투병 중이라거나 아예 병원에 입원한다는 사실조차 전하지 않는 사람들도 있습니다. 그러나 그건 좋은 생각이 아니에요. 우리 그리스도인의 정체성에 대한 성경의 더없이 중요한 가르침을 간과하기 때문입니다. 우리는 한 몸의 지체들입니다.

눈이 손더러 내가 너를 쓸 데가 없다 하거나

또한 머리가 발더러

내가 너를 쓸 데가 없다 하지 못하리라

그뿐 아니라

더 약하게 보이는 몸의 지체가

도리어 요긴하고.

고린도전서 12장 21-22절

그러니 혼자 힘으로 다하려는 교만을 도움이 과분하다는 식의 겸손으로 가장하지 않도록 조심하십시오. 부담을 주지 않음으로써 남을 섬긴다는 생각보다는 손을 내밀어 도움을 청하는 게 더 겸손한 자세입니다. 우리가 서로 지체가 됨을 잊지 마세요(엡 4:25 참조).

7

볼품없어진 외모에 예민해하지 말고
편안한 마음으로
사람들을 대하십시오.

이것은 우리 모두에게 유익한 일입니다. 평소에는 누구나 겉모습을 자기 마음대로 할 수 있습니다. 옷차림으로 자신을 실제보다 품위 있는 또는 혼자 힘으로 다할 수 있는 사람처럼 보이게 만들 수 있지요.

그러나 말쑥한 정장 차림으로 수많은 청중에게 설교하는 존 파이퍼도 있지만, 등이 트인 청백색 환자복과 미끄럼 방지용 갈색 덧신 차림으로 바퀴 달린 링거기기를 끌면서 절름절름 화장실로 가는 존 파이퍼도 있습니다. 양쪽의 차이를 머릿속에 그려 보세요.

　이때야말로 자신의 실상을 볼 수 있는 좋은 기회입니다. 우리는 다 육체적으로 약하고 무력한 존재로서 세월이 갈수록 꽤 볼품없게 멋을 잃어 갑니다. 그러나 하나님 덕분에 "우리의 겉사람은 낡아지나 우리의 속사람은 날로 새로워"(고후 4:16)집니다.

　예컨대 여러분이 멋과 품위를 갖춘 어느 성숙한 그리스도인에게 문병을 간다고 합시다. 그녀가 평안한 마음으로 자족을 누리며 사람들과 적극적으로 교류하고 있다면 비록 헝클어진 머리와 화장기 없는 맨얼굴에 환자복마저 초라하다 할지라도 이 얼마나 놀라운 모습입니까. 놀랍다 함은 내면의 아름다움이 드러나기 때문입니다. 그녀의 참된 아름다움은 하나님의 딸, 그리스도의 자매, 십자가의 군사, 하나님나라의 상속자로서 풍기는 대담한 자태에 있습니다.

　　그러니 자아와 외모에 집착하지 말고 편안한 마음으로 사람들을 대하십시오. 자기 모습보다 다른 사람들에게 더 관심을 두세요. 여러분의 정체성과 가치는 겉모습에 따라 좌우되지 않습니다.

　　네가 내 눈에 보배롭고 존귀하며
　　내가 너를 사랑하였은즉.

이사야 43장 4절

8

참혹한 '죄'라는 질병에서
구원받았음을 기억하십시오.

제가 이해하기로, 로마서 8장 18-25절은 인류가 죄로 타락한 창세기 3장의 사건에 대한 바울의 주해입니다. 아담의 죄를 통해 세상에 도덕적 악이 들어왔는데, 바울의 설명대로 그 악은 창조세계에 참담한 물리적 결과를 야기했습니다. 이는 하나님이 세상을 물리적 고통과 허무함에 굴복하게 하심으로 도덕적, 영적 실체를 드러내셨다는 뜻입니다.

바울은 "피조물이 허무한 데 굴복"(롬 8:20)한다고 했는데 여기서 "허무한 데"란 "썩어짐의 종노릇"(롬 8:21)을 가리킵니다. 참혹한 질병과 무시무시한 재해는 그 자체로 끝이 아닙니다. 피조세계가 "함께 탄식하며 함께 [해산의] 고통을 겪고"(롬 8:22) 있습니다. 즉 장차 새로운 창조세계를 낳을 것입니다.

우리도 다 이 탄식에 동참하고 있습니다. 최악의 암에 걸리거나 사고로 장애를 입는 경우에는 그 신음이 극에 달합니다.

> 우리[하나님의 자녀] 곧 성령의
> 처음 익은 열매를 받은 우리까지도
> 속으로 탄식하여 양자 될 것
> 곧 우리 몸의 속량을 기다리느니라.
>
> 로마서 8장 23절

하나님의 자녀에게 이것은 벌이 아닙니다. 벌은 그리스도가 이미 받으셨습니다(롬 8:3 참조). 참혹한 도덕적 악의 물리적 증상을 겪는 일은 모든 인간의 운명이에요. 이 물리적 고통을 보면 죄가 얼마나 추악한지 알 수 있습니다.

병상에서 듣기에 암담한 말로 느껴지십니까? 그렇

다면 이렇게 생각해 보세요. 죄에 대한 암담한 생각이 하나님의 은혜에 대한 밝은 희망을 낳습니다. 입에 쓰다고 뱉으면 약도 함께 잃는 거예요. 그래서 성경은 이렇게 말하지 않습니까?

초상집에 가는 것이
잔칫집에 가는 것보다 나으니
모든 사람의 끝이 이와 같이 됨이라
산 자는 이것을 그의 마음에 둘지어다.

전도서 7장 2절

이것을 우리 마음에 둘 때 하나님이 우리 미래와 그분에 대해 놀라운 것들을 우리에게 가르쳐 주십니다.

여러분은 '추악한 죄'라는 질병과 기형으로부터 구원받았습니다. 병중의 탄식을 계기로 그 사실을 상기하십시오. 그것으로 여러분 안에 새로운 열정의 불을 붙여 아직 여러분의 삶 속에 남아 있는 모든 죄와 싸우십시오.

9

위대한 명의, 예수를 귀히 여기십시오.
잠깐의 가벼운 이 환난이
크고 영원하고 중한 영광을 이루는
과정임을 선포하십시오.

그리스도가 계시면 어떤 상황에서도 전적으로 충분합니다. 그분이 최고의 명의십니다. 마태복음 4장 23절에서 보듯이, 그분은 능히 백성 중의 모든 병과 모든 약한 것을 고치셨습니다. 또 마지막 날에 모든 눈물을 그 눈에서 닦아 주시니, 다시는 사망이 없고, 애통하는 것이나 곡하는 것이나 아픈 것이 다시 없을 것입니다(계 21:4 참조).

우리는 그분께 병을 고쳐 주시고 고통을 없애 달라고 주저 없이 구해야 합니다. 응답의 때도 그분께 맡겨야 합니다. 그러나 우리가 무엇보다 기쁘게 깨달아야 할 사실이 있습니다. 의문의 여지없이 예수님은 그분을 신뢰하는 모든 사람의 '가장 깊은' 질병을 고쳐 주셨습니다.

그 저주의 질병은 바로 '죄'입니다. 그분이 친히 하신 말씀이 있습니다.

> 건강한 자에게는 의사가 쓸 데 없고
> 병든 자에게라야 쓸 데 있나니
> 내가 의인을 부르러 온 것이 아니요
> 죄인을 불러 회개시키러 왔노라.
>
> 누가복음 5장 31-32절

치유를 구하는 기도를 했는데 하나님이 '아직은 아니다'라고 응답하신다면, 다음 사실을 명심하십시오. 이 고난은 결코 낭비되지 않습니다. 오히려 영원히 지속될 치유를 이루어 내는 중입니다. 여기 놀라운 약속이 있습니다.

> 그러므로 우리가 낙심하지 아니하노니
> 우리의 겉사람은 낡아지나
> 우리의 속사람은 날로 새로워지도다

우리가 잠시 받는 환난의 경한 것이

지극히 크고 영원한 영광의 중한 것을

우리에게 이루게 함이니

우리가 주목하는 것은 보이는 것이 아니요

보이지 않는 것이니

보이는 것은 잠깐이요

보이지 않는 것은 영원함이라.

고린도후서 4장 16-18절

지금의 아픔과 고통의 시간은 영광의 중한 것을 '이루는 중'이에요. 정말 그렇습니다. 여러분의 고난은 여러분이 장차 누릴 영광에 실제로 영향을 미칩니다. 고난은 그저 극복해야 할 장애물만이 아닙니다. 그리스도의 영광을 위해 믿음으로 감당한다면 그것은 더 큰 기쁨으로 가는 도약대가 됩니다. 예수님이 여러분과 함께 계십니다. 최악의 고통도 그분 손안에 놓이면 낭비되지 않습니다.

10

지금 겪는 어려움이
하나도 낭비되지 않도록
쉬지 말고 기도하십시오.

사탄은 여러분이 입원한 동안 겪는 일들을 무의미하고 공허하고 무섭고 사소하게 만들려고 호시탐탐 노립니다. 사탄에게 이 승리를 내주지 마십시오.

기도하세요. 병원에 갈 때도 기도하고, 입원 수속 중에도 기도하고, 들것에 실려 갈 때도 기도하고, 병상에 누워서도 기도하세요. 아침에도 기도하고 밤중에도 기도하세요. 쉬지 말고 기도하십시오.

아마 잘 정리된 말로 길게 또박또박 기도할 수는 없을 겁니다. 투병 중에는 몸도 마음도 너무 지치게 마련이니까요. 간단한 간구와 감사와 찬양을 다음과 같이 짤막하게 툭툭 내뱉어도 괜찮습니다.

"주님, 주님을 신뢰하도록 도와주세요."

"주여, 불쌍히 여겨 주소서.
주님이 필요합니다. 생각이 잘 안 됩니다."

"주님, 불신과 죄에서
저를 구원해 주십시오."

"주여, 제가 믿나이다.
저의 믿음 없는 것을 도와주소서."

"자비를 베풀어 주시니 감사합니다."

"저를 사랑하사 저를 위해
자기를 버리신 예수님, 감사합니다."

"아버지, 그리스도 예수 안에서
저에게 정죄가 없으니 감사합니다."

"예수님, 주님의 위대하신 이름을
높이도록 저를 써 주십시오."

"여기서 무슨 일이 벌어지든
주의 인자하심으로 저를 만족하게 하소서."

여러분의 말을 늘 귀담아 들으시고 도우시는 하나님을 잊지 마십시오. 그분은 정말 그런 분이십니다. 친히 그렇게 말씀하셨습니다.

적은 무리여 무서워 말라
너희 아버지께서 그 나라를
너희에게 주시기를 기뻐하시느니라.

누가복음 12장 32절

환난 날에 나를 부르라
내가 너를 건지리니
네가 나를 영화롭게 하리로다.

시편 50편 15절

그분을 영화롭게 하는 것이야말로 여러분의 입원 생활 중에 얻을 수 있는 가장 위대한 수확이 될 겁니다. 그럴 때 여러분은 이 고통이 낭비되지 않았음을 알게 될 것입니다.

치유를 위한
기도

• 마음으로, 눈으로, 여건이 된다면 입술을 열어
  따라 읽으며 기도해 보십시오.

하늘에 계신 아버지, 모든 상황이 불확실하고, 불안이 엄습해 오고, 불편한 것도 많지만 이 모습 그대로 저의 고백을 올려 드립니다.

위대하신 주님을 찬양합니다. 하늘과 땅을 지으시고, 제 몸도 지으신 주님을 경외합니다. 주님은 모든 것을 붙들고 계시고, 모든 것을 아시며, 모든 것을 다스리십니다. 주님의 지혜와 능력이 무한하십니다. 귀하신 아들 예수님을 삶의 보배로 영접하는 모든 사람에게 한없이 자비로우심에 감사합니다.

그래서 저도 이 시간 그리스도를 바라봅니다. 혼자 힘으로 하려던 생각을 다 버립니다. 제가 믿는 것은 약이나 사람이 아닙니다. 주님을 신뢰합니다. 주님을 부르오니, 오, 하나님, 저를 붙들어 주십시오. 주님의 권능으로 저를 지켜 주시고, 믿음을 잃지 않게 해 주십시오. 믿음이 없어 흔들리지 않게, 제 마음속에 주님의 강력한 영광의 빛을 비춰 주십시오. 주님의 은혜에 온전히 소망을 두기를 원합니다.

주님, 감당할 수 있는 고통만 허락해 주십시오. 제가 원망하거나 불평하지 않게 도와주십시오. 인간의 모든 지각에 뛰어난 주님의 평강을 주십시오. 주님의 귀한 약속에 생각을 집중하게 하시고, 제 머리맡을 지키시는 주님의 달콤한 임재를 알게 해 주십시오.

기도하오니 저를 맡고 있는 의료진에게 지혜와 실력을 더욱 부어 주십시오. 인류에게 눈부신 의학의 발전을 허락하시니 감사합니다. 받을 자격이 없는 저와 이 세상에 얼마나 큰 자비를 베푸셨는지요!

아버지, 주님의 치유를 구합니다. 제 병이 낫기를 원합니다. 저를 고쳐 주십시오. 주님은 위대한 명의시니 능치 못하실 일이 없습니다. 천국에 가서 주님과 함께 있는 것도 제 큰 기쁨입니다. 그게 주님의 뜻이라면 기쁨과 소망으로 받아들입니다. 그러나 아직 이 땅에서 할 일이 있습니다. 가족을 돌봐야 하고, 예수님의 다시 오심을 사모하며 영혼들에게 복음을 전하고, 교회를 섬겨야 합니다. 간구하오니 주님의 크신 영광으로 저를 일으키시고 사용해 주십시오.

아버지, 예수 그리스도를 보내셔서 죽기까지 저의 죄를 담당하게 해 주셔서 감사합니다.

하나님이 죄를 알지도 못하신 이를
우리를 대신하여 죄로 삼으신 것은
우리로 하여금 그 안에서
하나님의 의가 되게 하려 하심이라.

고린도후서 5장 21절

그러므로 이제
그리스도 예수 안에 있는 자에게는
결코 정죄함이 없나니.

로마서 8장 1절

하나님이 우리를 세우심은

노하심에 이르게 하심이 아니요

오직 우리 주 예수 그리스도로 말미암아

구원을 받게 하심이라.

데살로니가전서 5장 9절

이 말씀을 믿습니다. 이런 말씀을 들을 수 있으니 얼마나 놀라운 일인지요. 얼마나 큰 특권이며 큰 은혜인지요.

제 몸과 영혼을 주님의 손에 전부 맡깁니다. 예수님의 이름으로 기도합니다. 아멘.